PARENTALIDADE

O Papel da Família Frente às Dificuldades de Aprendizagem

ELAINE KRAPAS

Cartilha elaborada como parte de uma Proposta de intervenção do Estágio Obrigatório do curso de Psicologia da UNISAL- Centro Universitário Salesiano de São Paulo - Campus Maria Auxiliadora – Americana SP.

Aluna/estagiária: Elaine A. Krapas

Supervisão: Profª. Dra. Mariângela Andrade Máximo Dias
Supervisão de campo: Psicóloga Fabiana Roberta Malpica

Instituição: Centro de Inclusão "Mãos que Acolhem" – SEDUC Americana
Coordenação: Maria Cacilda Sacilloto

Diagramação e Projeto Gráfico: Alexandre Michellucci

ÍNDICE

APRESENTAÇÃO

Caros pais, mães e responsáveis

A descoberta de que um filho tem dificuldade na aprendizagem e um baixo rendimento escolar representa um desafio para a família.

Essa descoberta vem cheia de ansiedade, e não é para menos, afinal na maioria das vezes os pais não sabem o que fazer!

Não existe nenhum manual de instruções para a crianças com dificuldades de aprendizagem!

Tudo bem, não saber o que fazer!
Desde que esteja disposto a procurar ajuda, aprender e crescer
a partir das situações desafiadoras.

É importante saber que o jeito da criança agir com determinadas coisas é aprendido em suas interações; e, portanto, é possível criar um ambiente que estimule seus estudos e desenvolvimento pessoal.

O esclarecimento de que a família desempenha um lugar fundamental e decisivo para a condução ou resolução das dificuldades relacionadas à aprendizagem, e que as dificuldades refletem as experiências e os estímulos aos quais o indivíduo é submetido em seu ambiente familiar, é fundamental para a parceria entre:

- Pais/responsáveis
- Criança
- Escola
- Profissionais de Apoio (psicólogas, fonoaudiólogas, terapeutas ocupacionais, psicopedagogas, arteterapeutas).

É preciso para somar forças em apoio mútuo e contínuo para que as crianças vençam as dificuldades de aprendizagem.

A parceria entre família e escola é um dos principais elementos para o sucesso da educação e para a formação de cidadãos críticos e conscientes.

Este material foi elaborado para ajudá-los nesta empreitada.

Vamos juntos construir um novo olhar sobre as interfaces da parentalidade e para o entendimento de como a família pode ajudar e melhor direcionar as crianças para que tenham a possibilidade de experienciarem situações de aprendizagem e de vida mais prazerosas e saudáveis.

Desejo que ele seja útil e um passo na construção de uma nova forma de educar.

1. MAS O QUE A FAMÍLIA TEM A VER COM A APRENDIZAGEM?

A família atende às necessidades básicas das crianças, como alimentação, segurança, afeto e orientação, desempenhando um papel essencial no seu desenvolvimento emocional, social e intelectual.

A família é o primeiro espaço de socialização do ser humano, onde ele constrói sua identidade pessoal e sua relação com o saber, com o aprender e com a escola.

Você Já parou para pensar sobre como é que o seu filho aprende?

Muita gente com certeza diria que não.

A aprendizagem é um processo de construção que se inicia de fora para dentro, as crianças aprendem por meio de várias formas como:

OBSERVAÇÃO

IMITAÇÃO

CONVÍVIO SOCIAL

ENSINO DIRETO

EXPERIÊNCIAS PESSOAIS

A família desempenha um papel fundamental na **transmissão de hábitos, cultura e valores**, fornecendo um ambiente onde a criança é exposta a esses elementos por meio de interações diárias, comunicação, modelagem de comportamento e apoio emocional.

A criança precisa de fato aprender a estudar, até que mediante uma motivação, o estudar torne-se um hábito prazeroso para ela.

É necessário que os pais contribuam nesse processo!

Encarar o "estudar" como nada mais do que uma obrigação da criança é um erro.

Embora os pais pensem assim, é bobagem querer impor isto ao filho.

Pelo contrário, se os pais associarem o "estudar" com broncas, imposição, brigas ou coisas do gênero, estarão apenas contribuindo para que a criança goste cada vez menos de estudar.

Não culpe a criança!
Estudos apontam que as dificuldades de aprendizagem não são uma falha individual, mas uma confluência de fatores onde a família ocupa um lugar fundamental e decisivo (Fernández, 1991).

Se a aprendizagem da criança ocorre assim, de acordo com as consequências que seu comportamento gera no ambiente, culpabilizá-la por não aprender é, apenas fugir da própria responsabilidade.

Quando os pais participam ativamente da vida escolar dos filhos e se engajam no cotidiano escolar, a tendência é que os alunos se dediquem e se esforcem mais, por se sentirem amados e apoiados.

Como dito antes, é certo que nenhuma criança nasce com manual de instruções, mas é possível aprender a lidar com ela não só para que desenvolva o gosto e o hábito de estudar, mas também para enfrentar os desafios da vida e se tornar um adulto resiliente e bem ajustado, exercendo uma parentalidade positiva.

2. O QUE É EXERCER UMA PARENTALIDADE POSITIVA?

Paternidade é o ser pai/mãe, independentemente de como se tornou pai e mãe.

Já a parentalidade positiva é um estilo de criação de filhos baseado no respeito mútuo, na comunicação aberta, no apoio emocional, na disciplina consistente e no estabelecimento de limites claros, visando ao bem-estar e ao desenvolvimento saudável das crianças.

Envolve o uso de estratégias que promovem o carinho, o respeito, a compreensão e o incentivo ao crescimento emocional e intelectual dos filhos.

É a maneira única de olhar, de falar, de cuidar da criança.

Esse envolvimento traz como possibilidade melhor qualidade de vida e a criação de vínculos afetivos mais fortes e saudáveis para todos(as).

Você sabia que existem estilos parentais?

Os estilos parentais são basicamente a maneira como os pais criam e cuidam dos filhos, incluindo como estabelecem regras, demonstram amor, comunicam-se e lidam com comportamentos, influenciando como as crianças crescem e se comportam.

Os principais estilos parentais são:

Como os diferentes estilos parentais se refletem as crianças?

- **Estilo Liberal (Permissivo):** Crianças com problemas de disciplina e comportamento.
- **Estilo Autoritário:** Crianças com baixa autoestima e habilidades sociais limitadas.
- **Estilo Relaxado:** Crianças com dificuldades emocionais, comportamentais e acadêmicas.
- **Estilo Democrático:** Crianças criadas nesse estilo costumam mostrar uma tendência a serem mais autônomas, terem maior autoestima, serem mais socialmente competentes e exibirem um comportamento mais adaptativo.

Elas geralmente desenvolvem habilidades de resolução de problemas, têm uma boa autoimagem, são mais independentes e têm um senso saudável de responsabilidade. Além disso, são capazes de desenvolver relacionamentos mais saudáveis, possuem melhor capacidade de comunicação e são mais propensas a agir de forma empática e cooperativa em interações sociais.

O que os estilos parentais têm a ver com dificuldade de aprendizagem?

Os diferentes estilos parentais podem impactar as dificuldades de aprendizagem das crianças. Pais autoritários podem criar um ambiente onde o medo de errar inibe a aprendizagem.

Pais permissivos podem falhar em fornecer a estrutura necessária, enquanto pais negligentes podem não oferecer suporte emocional e educacional. Por outro lado, pais democráticos, que oferecem limites claros com apoio emocional, criam um **ambiente mais favorável ao aprendizado**.

4. COMO OS CONFLITOS NO AMBIENTE FAMILIAR PODEM AFETAR O DESEMPENHO ESCOLAR DE UMA CRIANÇA?

Os conflitos familiares podem impactar o desempenho escolar das crianças de várias maneiras: O estresse causado por conflitos frequentes entre os pais, ou problemas familiares em geral, pode levar a preocupações emocionais, ansiedade, falta de concentração e dificuldades de aprendizagem.

Isso pode afetar a capacidade da criança de se concentrar nos estudos, resultando em um desempenho acadêmico inferior.

"Uma criança que leva preocupações familiares para a escola enfrenta dificuldades no aprendizado."

O ambiente emocional perturbador em casa pode prejudicar a motivação e o bem-estar emocional da criança, afetando indiretamente seu desempenho na escola.

Estudos demonstram que um ambiente familiar cheio de ruídos, conflitos, estresse ou negligência pode prejudicar o funcionamento cerebral das crianças, causando dificuldades de aprendizagem, ansiedade, depressão ou transtornos comportamentais (Polity, 2021).

Por vezes, sem perceber, descarregamos nossos problemas nos filhos, sem notar o peso que colocamos nos ombros pequenos e sensíveis.

5. PAUSA PARA REFLEXÃO

• Como era o ambiente familiar na sua infância?
• Qual era o estilo parental dos seus pais quando você era criança?
• Como era a relação entre os seus pais?
• Como era a relação dos seus pais com você quando você era criança?
• Quais foram as dificuldades ou faltas que você sentiu na sua infância?
• Como você aprendeu a ser pai/mãe?
• Quais foram suas influências e aprendizados na construção da paternidade/maternidade?

Quais são suas memórias mais marcantes de sua infância?

6. MAS COMO A FORMA COMO FUI CRIADO INFLUENCIA A MANEIRA DE SER PAI/MÃE HOJE?

Por que repetimos os erros de nossos pais?

Você se lembra de como aprendemos por repetição e imitação?

Repetimos padrões principalmente por conta da influência de experiências passadas que moldaram nossas perspectivas, crenças e comportamentos.
Muitas vezes, o que vivenciamos na infância se torna uma espécie de "modelo" para nossas ações e decisões futuras.

Isso ocorre porque tendemos a nos sentir confortáveis com aquilo que é familiar, mesmo que seja um comportamento ou estilo que, conscientemente, não desejamos repetir.

A repetição de padrões pode ser um reflexo do que aprendemos e internalizamos como normal, o que pode exigir esforço consciente para mudar ou romper com esses ciclos.

Pais que, durante a sua própria infância, foi criado em um ambiente onde a violência física, como o uso de castigos corporais, era comum e considerada aceitável, influenciados por essa experiência passada, podem acreditar que a punição física é uma prática normal na educação dos filhos.

Assim, ele reproduz o comportamento, considerando a punição física como uma forma aceitável de disciplina, perpetuando o ciclo de violência na educação dos seus próprios filhos.

Um pai que cresceu em um ambiente onde a expressão emocional era limitada, e a comunicação sobre sentimentos era desencorajada.

Esse pai, baseando-se na sua própria criação, pode ter dificuldades em expressar emoções ou em se comunicar abertamente com seu filho sobre sentimentos e questões emocionais. Assim, ele pode reproduzir a mesma falta de abertura e comunicação que experimentou na sua infância, limitando a expressão emocional e a discussão sobre os sentimentos com seu próprio filho.

7. BOAS NOTÍCIAS

É possível mudar os padrões de estilos parentais e comportamentos disfuncionais aprendidos na própria criação.

Mas como?

Por meio de consciência, esforço e a busca por novas estratégias.

Reconhecer os padrões negativos é o primeiro passo crucial.
Refletir sobre como esses padrões influenciam a maneira como interagimos com nossos filhos é fundamental para a mudança.

Além disso, buscar orientação profissional, como terapia ou aconselhamento, pode fornecer ferramentas para superar esses padrões.

Aprender a desenvolver novas habilidades de comunicação, de como estabelecer limites claros com amor e suporte emocional são estratégias valiosas para modificar esses padrões disfuncionais.

Praticar a empatia, compreensão e estar aberto a novas abordagens de criação pode ajudar na quebra desses padrões.

É um processo gradual, que exige tempo, persistência e aceitação de que mudanças são possíveis e necessárias para promover um ambiente saudável e positivo para as crianças.

Cada ser humano é único e tem seu tempo de ressignificar, reconstruir e florescer, é importante refletir a respeito de quais valores aprendidos faz sentido para você ser conservado, afinal não aprendemos apenas coisas ruins, mas também valores positivos.

Também é importante que exista uma autoaceitação e acolhimento de nosso estado atual para uma conscientização do nosso potencial de mudança e crescimento pessoal.

Vamos juntos refletir sobre novas possibilidades e formas de exercer uma parentalidade positiva e assim sermos agentes decisivos na resolução de problemas não só referentes a aprendizagem de nossos filhos, mas também na construção de laços familiares mais fortes, na promoção da saúde emocional e no desenvolvimento saudável de nossos filhos para um futuro mais promissor?

CRIANÇA É CRIANÇA!

É claro que existem comportamentos apropriados para cada idade. Os adolescentes agem de modo diferente das crianças pequenas, e um garoto de 13 anos não tem o mesmo comportamento de um de 7 anos.

Mas precisamos lembrar que eles ainda são crianças, e não adultos maduros!

Portanto, é compreensível que errem, que tenham comportamentos desagradáveis de vez em quando, são seres em construção assim como todos nós.

Seja paciente com eles enquanto aprendem a crescer!

Quando fazemos nossa parte como pai ou mãe e os amamos apesar de seus comportamentos infantis, eles amadurecem e abandonam essas atitudes.

Amor condicional X Amor Incondicional

Se amamos nossos filhos somente quando eles cumprem nossas exigências e expectativas, eles se sentirão incompetentes e acreditarão que é inútil esforçar-se para fazer o melhor, uma vez que tudo que fizerem será insuficiente. Serão sempre atormentados pela insegurança, pela ansiedade, pela baixa autoestima e pela ira.

Portanto, o desenvolvimento e o comportamento de nossos filhos são de responsabilidade nossa e deles.

Se os amarmos incondicionalmente, eles se sentirão bem consigo mesmos e serão capazes de controlar a ansiedade e o comportamento até chegarem à fase adulta.

Crianças para crescerem saudáveis psiquicamente necessitam de afeto, de abrigo, alimentação e roupas, moradia, educação, dignidade e tempo para ser criança.

BRINCAR É COISA SÉRIA!

"O brincar é a linguagem natural da infância, onde a imaginação voa e o aprendizado se torna uma jornada divertida."

9. AS 5 LINGUAGENS DO AMOR: TEMPO DE QUALIDADE

Seu filho se sente amado? Você sabia que existem linguagens de expressar amor pelas pessoas?

Cada criança tem uma linguagem de amor específica por meio da qual ela entende melhor o amor do pai ou da mãe.

Quando seu filho se sente amado, torna-se muito mais fácil discipliná-lo e instruí-lo.

Toda criança tem um tanque emocional, assim como os carros necessitam do combustível armazenado nos tanques, nossos filhos são movidos pelo combustível armazenado em seus tanques emocionais. Esse combustível se chama AMOR!

Afinal, o que é um amor? O amor é o alicerce que sustenta, nutre e ilumina as relações humanas, é a base para a compreensão, empatia e crescimento emocional.

Aqui vamos aprender juntos sobre uma das 5 formas de expressar amor que é o **TEMPO DE QUALIDADE**.

O tempo de qualidade é mais do que apenas a quantidade de horas que passamos juntos.

É a maneira como usamos esse tempo para nos conectarmos e nos relacionarmos verdadeiramente. É onde demonstramos nosso afeto e dedicação emocional por meio de momentos significativos e atenção plena.

Tempo de Qualidade

Envolve estar totalmente presente no momento, demonstrando interesse genuíno e dedicando atenção exclusiva ao relacionamento.

Quantidade de Tempo

Refere-se à quantidade de horas passadas juntas sem levar em consideração o envolvimento emocional e a conexão.

Quando os pais não dedicam tempo de qualidade para estar com a criança, isso pode causar:

• **Ausência emocional:** A falta de tempo juntos pode criar uma lacuna emocional, levando a um sentimento de desconexão e falta de intimidade.
• **Falta de vínculo:** A ausência de interações regulares pode resultar em dificuldades para a criança se sentir próxima e confortável na presença dos pais.
• **Falta de confiança e segurança:** A criança pode perceber a falta de apoio e orientação dos pais, o que pode levar à insegurança e desconforto na presença deles.
• **Necessidade de atenção:** A criança pode desejar a atenção e o envolvimento dos pais, e a ausência disso pode causar desconforto e desassossego na presença deles.
• Ansiedade, insegurança, diminuição no rendimento escolar, entre outros.

Diminuição no rendimento escolar? Mas Por quê?

Isso pode influenciar negativamente sua autoestima.

A falta de interações significativas e momentos de conexão pode gerar um vazio emocional, impactando o bem-estar da criança e podendo afetar seu desempenho acadêmico e comportamental.

Como vimos anteriormente a família é responsável por proporcional um AMBIENTE SEGURO, e essa ausência pode resultar em dificuldades de adaptação, aprendizado e no desenvolvimento saudável da criança.

Mas vamos falar de coisas boas?

Benefícios do Tempo de Qualidade

Fortalecimento dos Laços

O tempo de qualidade ajuda a fortalecer os laços emocionais e a construir relacionamentos mais resilientes e gratificantes.

Promove a Compreensão

Através do tempo de qualidade, somos capazes de entender melhor uns aos outros, criando uma base mais sólida de confiança e empatia.

Bem-Estar Emocional

Investir em tempo de qualidade melhora o bem-estar emocional, reduzindo o estresse e promovendo uma sensação de felicidade e plenitude.

Como Criar Tempo de Qualidade

Defina Prioridades

Identifique o que é verdadeiramente importante para você e faça do tempo de qualidade uma prioridade na sua agenda.

Desconecte-se das Distrações

Desligue o celular, desative as notificações e crie um ambiente livre de distrações para se concentrar completamente no momento presente.

Planeje Atividades Significativas

Organize atividades que promovam interação, diversão e aprendizado em conjunto, adaptadas aos interesses de todos os envolvidos.

Desligue-se da Tecnologia

Limite o uso de tecnologia durante o tempo de qualidade para evitar distrações e promover uma conexão mais autêntica.

Aproveite as Pequenas Coisas

Não subestime o poder das pequenas coisas. Aproveite os momentos simples e cotidianos para criar memórias duradouras.

Crie Tradições

Estabeleça tradições familiares ou rituais significativos que incentivem o tempo de qualidade regularmente.

A comunicação é uma ferramenta poderosa que pode nos ajudar a construir relacionamentos mais saudáveis e eficazes.
Vamos aprender um pouco sobre ela?

O que é Comunicação Não Violenta?

• É um conjunto de princípios desenvolvidos pelo psicólogo clínico Marshall Rosenberg na década de 1960.
• É projetada para promover a compreensão, empatia e resolução pacífica de conflitos nas interações humanas.
• Se concentra em estabelecer conexões profundas com os outros, expressar sentimentos e necessidades de maneira honesta e compassiva, e ouvir atentamente as necessidades e sentimentos dos outros.

Os principais elementos da CNV incluem:

Observação:

Descrever uma situação ou comportamento específico sem fazer julgamentos ou avaliações. É importante ser objetivo e basear suas observações em fatos concretos.

Sentimentos:

Expressar seus sentimentos de maneira genuína e honesta em relação à situação. Isso envolve identificar e comunicar como você se sente em relação ao que observou.

Necessidades:

Identificar as necessidades subjacentes por trás de seus sentimentos. As necessidades são universais e incluem coisas como segurança, respeito, conexão, autonomia, entre outros.

Pedidos:

Fazer pedidos claros e específicos para atender às suas necessidades. Esses pedidos devem ser concretos e realizáveis, permitindo que os outros entendam como podem contribuir para satisfazer suas necessidades.

CNV Entre Pais e Filhos

Ouvindo com Empatia

Praticar a escuta empática com nossos filhos, demonstrando compreensão e aceitação.

Criando Conexão

Encontrar maneiras significativas de conectar com nossos filhos e desenvolver relacionamentos mais fortes e saudáveis.

Exemplo de diálogo sem usar a CNV entre pais e filhos:

Situação: Um adolescente chegou tarde em casa, além do horário combinado.

Pai (Não usando CNV)

Você é sempre irresponsável! Não liga para as regras da casa. Nunca pode fazer nada certo."

Filho (Não usando CNV)

Você é um chato! Não precisa ficar me controlando o tempo todo. Não sou mais uma criança!

Neste exemplo, os pais e o filho estão usando acusações e críticas, o que pode levar a um conflito ainda maior e a uma comunicação prejudicial entre eles.

Exemplo de diálogo usando a CNV entre pais e filhos:

Situação: Um adolescente chegou tarde em casa, além do horário combinado.

Pai (Usando CNV)

Filho, eu percebi que você chegou em casa muito tarde hoje à noite, além do horário que havíamos combinado. Isso me deixou preocupado com sua segurança, porque não sabia onde você estava. Eu me importo muito com você e quero garantir que esteja seguro. Poderíamos conversar sobre o que aconteceu e como podemos evitar preocupações no futuro?

Filho (Usando CNV)

Desculpa, pai, eu perdi a noção do tempo com meus amigos.
Entendo que você estava preocupado e prometo que vou tentar ser mais responsável no futuro.

Neste exemplo, tanto o pai quanto o filho expressam seus sentimentos, necessidades e abrem espaço para uma comunicação aberta e empática.

Os mascotes da Comunicação Não Violenta:

- Julga e procura que o aceites.
- Acusa, censura e aponta: "Tu és assim", "Não percebes que...", "Que parte não percebeste que".
- Tem a intenção de mudar o outro: "Tu deverias fazer isto...", "Deixa de...", "Vai por mim...".
- Mistura fatos com opiniões.
- Polariza: "Ou fazes isto ou...".
- Considera somente a sua necessidade.
- Não escuta.

- Para e pensa no que pode fazer antes do conflito estalar, a favor da equipe, da família, do grupo.
- A intenção deles é que juntos - girafa e chacal - possam descobrir a melhor opção para as situações.
- Ouve e compreende.
- Pergunta sem julgamentos e analisa a situação. Faz hipóteses e valida-as.
- Não polariza.
- Leva em conta a sua necessidade, a da outra pessoa e da equipe.

Além de tudo, você sabia que:

Palavras de Afirmação é uma das linguagens de Amor

Elas se assemelham a uma chuva morna e suave irrigando a alma, pois nutrem o senso de valor e segurança no íntimo de seu filho. Mesmo que sejam ditas rapidamente, não são esquecidas com facilidade. A criança recebe os benefícios das palavras de afirmação durante a vida inteira.

> "Eu me lembro de como minha mãe falava sobre meus lindos cabelos ruivos. Ela fazia comentários positivos enquanto os penteava antes de eu ir para a escola, e isso contribuía para a minha autoestima. Anos depois, quando descobri que nós, as ruivas, somos minoria, nunca tive sentimentos negativos a respeito de meus cabelos. Tenho certeza de que os comentários carinhosos de minha mãe tiveram muito a ver com isso".

Sobre gritar com as crianças:

Gritar com as crianças pode ter várias consequências negativas, incluindo o aumento do estresse, medo e ansiedade. Isso pode afetar a autoestima, levando a uma diminuição na confiança, problemas de comportamento e dificuldades no desenvolvimento emocional. Além disso, o grito constante pode prejudicar a comunicação eficaz, minando a capacidade das crianças de expressar suas emoções de maneira saudável e criar um ambiente de confiança e segurança.

11. REGRAS E LIMITES

O que são limites?

"São fronteiras que demarcam o que é permitido ou possível fazer e o que não é".

Regras são a descrição dos limites. As regras servem para organizar o mundo.

Por que regras são importantes? Por que existem regras?
• Regras são os combinados entre as pessoas.
• Regras são uma das maneiras pelas quais aprendemos.
• Regras auxiliam na convivência em sociedade.

Imagine como seria o mundo se não houvesse regras. Você já pensou se as pessoas não seguissem horários, não respeitassem as filas, não parassem no sinal vermelho?

Por que limites são importantes?
• Limites são a estrutura da casa.
• Evita ter que chamar, implorar e principalmente acessos de raiva.
• Limites trazem segurança (a falta de limites leva a atitude de testar cada vez mais os limites = proporção perigosa na adolescência).
• A criança que cresce sem limites tem maior dificuldade de aceitar regras sociais, pois está "acostumado a ter todas suas vontades satisfeitas".

Como decidir quais limites são importantes?

Cada família decide o que é negociável e o que não é.

Dica é: Pense nas CONSEQUÊNCIAS do comportamento de seu filho:.. para ele mesmo...para a família. Hoje.. E no futuro!.... para a sociedade.

Às vezes os pais erram com o intuito de agradar demais, só pensam no prazer momentâneo da criança e não no que aprenderá a longo prazo.

Estabelecer regras claras e específicas:
• As regras devem ser coerentes para a idade da criança.
• Prever o comportamento inadequado e fazer o combinado antes que ele ocorra.
• Repetir as regras sempre que necessário.
• Explicar o motivo para a regra, de maneira breve.
• Verificar se a regra está sendo cumprida (supervisão) e se é adequada, caso não estiver sendo adequada, reformulá-la.
• Regras podem e devem ser mudadas se não surtem efeito, só não podem ser burladas!

Como colocar limites?
• Para cada regra deve haver uma consequência (que deve ser especificada na regra).
• Os pais devem cumprir as consequências que prometem.
• Se a regra for adequada e seu filho estiver "fazendo manha" não voltar atrás.
• Valorize sempre que seu filho seguir a regra!
• As consequências mais adequadas são às mais próximas do que seriam consequências "naturais" do comportamento.

A importância de ser consistente
• Consistência constrói confiança.
• Ameaças não cumpridas perdem a razão de ser e deixam o pai/mãe sem crédito.
• Avisos podem ser dados, mas se forem muitos perdem a eficácia.
• É preciso coerência entre os pais (não pode haver competição para ver quem é o mais "bonzinho").

Exemplo do cotidiano:

A mãe chega em casa e o filho, que deveria estar fazendo a lição, está assistindo tv.

A mãe diz: "Ah, tá bom, hoje estou contente porque me dei bem no trabalho e você está tão fofo, pode ver tv antes da tarefa".

O que essa criança aprenderá sobre do que dependem as regras?

Aprendizagem por imitação

Relembrando: Imitação não dá para negar: crianças imitam muitos dos comportamentos que veem nos adultos.

Pais são as pessoas mais próximas da criança durante grande parte da infância.

Portanto: Pais também devem seguir regras, mesmo que em alguns casos sejam diferentes da das crianças.

Uma última consideração...

A última e mais preciosa regra que os pais devem ensinar a seus filhos é a de observar as consequências do comportamento, pois só assim poderá ele próprio formular as regras mais eficazes para um mundo que está em constante mudança...

12. PALMADA EDUCA?

Bater não é educativo!

A palmada é uma ação rápida, que alivia os pais, mas não garante a mudança do comportamento da criança.

Ao usar a palmada, os pais esquecem que comunicam aos filhos que os problemas são resolvidos com agressividade e essa não é a maneira mais eficiente de solucionar uma questão ou de obter uma resposta.

Educar requer dedicação e envolvimento, é uma ação de amor e de limites. Encontrar o equilíbrio entre ambos é um dos principais desafios e um grande aprendizado para os pais.

Também precisamos lembrar que educar é um processo diário, construído por meio de ações, gestos e pensamentos.

As crianças percebem tudo, mesmo quando ainda não sabem explicar o que estão observando e sentindo.

Quando os pais têm opiniões e atitudes divergentes, os filhos percebem. Por isso, todos os detalhes são importantes no processo de educação.

Quando uma criança age de forma malcriada é porque ela percebe que há espaço para isso ou alguma comunicação de que essa atitude é permitida.

Criança fala através de seu comportamento:

Por exemplo, se em toda vez que ela se comportar mal receber uma palmada, ela conseguiu chamar a atenção dos pais.

Quando a criança quiser chamar atenção dos pais novamente, vai agir errado de novo.

A palmada não deixa de ser uma maneira de dar atenção.

Sabendo disso, os pais conseguem agir de diversas formas e estabelecer limites para determinados comportamentos.

Se uma criança estiver brincando e fizer malcriação é mais educativo privá-la da brincadeira, explicando qual atitude impediu que ela continuasse brincando.

A ação é mais educadora que a palmada.

A força verdadeira dos pais não reside na mão que castiga, mas sim no coração que educa com amor e compreensão."

13. PAIS TAMBÉM ERRAM

"Pais também erram e errar faz parte da nossa humanidade, também somos seres em construção, a jornada da parentalidade é repleta de desafios, onde os pais, embora busquem o melhor para suas crianças, enfrentam decisões difíceis e nem sempre acertam.

As falhas fazem parte desse percurso, e é importante entender que a imperfeição é uma parte intrínseca da experiência de ser pai ou mãe.

Os erros dos pais não devem ser vistos como fracassos, mas sim como oportunidades de aprendizado.

Cada erro traz consigo lições valiosas, permitindo aos pais crescerem, evoluírem e se tornarem melhores guias para seus filhos.

Ao contrário de se sentir culpados pelos erros ou perdas de paciência, a aceitação dos erros, quando acompanhada de um esforço genuíno para melhorar, pode ser um exemplo poderoso para as crianças, ensinando.

O reconhecimento, o pedido de desculpas quando necessário e o compromisso de aprender e melhorar são essenciais para criar um ambiente familiar saudável. Os pais, ao reconhecerem suas imperfeições, modelam a importância da humildade, da perseverança e do crescimento contínuo.

Portanto, a compreensão de que 'Pais também erram' não é um sinal de fraqueza, mas sim um testemunho de que a jornada da criação é um processo de constante aprendizado, adaptação e evolução. Aceitar os erros é o primeiro passo para o aprimoramento constante, construindo um ambiente familiar baseado no amor, na compreensão e no respeito mútuo."

14. CONSIDERAÇÕES FINAIS

Vimos juntos que a família desempenha um papel crucial na jornada educacional das crianças.

Seja na identificação, enfrentamento ou resolução de dificuldades de aprendizagem, o suporte familiar desempenha um papel significativo, juntamente com a escola.

A atmosfera emocional e o ambiente em casa desempenham um papel vital na capacidade das crianças de lidar com desafios acadêmicos.

Quando enfrentam dificuldades de aprendizagem, as crianças necessitam encontrar na família uma fonte de apoio emocional e prático.

A família não apenas oferece conforto e segurança, mas também ajuda na busca de soluções, fornecendo orientação, recursos e encorajamento.

Além disso, a comunicação aberta e positiva entre pais e filhos permite um ambiente propício para a resolução de problemas de aprendizagem. O diálogo construtivo, a paciência e o apoio contínuo desempenham um papel fundamental na autoestima e motivação da criança para superar desafios acadêmicos.

A família, como um agente ativo, também tem a capacidade de colaborar com os educadores, ajudando a identificar as necessidades específicas da criança e fornecendo informações valiosas sobre seu progresso e desafios enfrentados.

Assim, a família, ao reconhecer e apoiar as dificuldades de aprendizagem, cria um ambiente propício para a superação desses obstáculos. Esse apoio é essencial para a construção de uma base sólida para a criança, não apenas no ambiente escolar, mas também no seu desenvolvimento pessoal e na construção de habilidades para enfrentar desafios futuros.

É importante salientar que longe de se esgotar o tema, esta cartilha representa apenas uma sugestão de como conduzir uma reflexão sobre as interfaces da parentalidade frente as dificuldades de aprendizagem apresentando algumas ferramentas que podem vir a ser úteis em uma construção de um novo saber.

O material foi produzido mediante a observação da necessidade de um espaço para os pais, onde pudessem trazer suas histórias de vida, suas memórias, refletirem sobre sua infância e sobre o que pode ser aprimorado e aplicado, criando um ambiente de apoio, crescimento e compreensão.

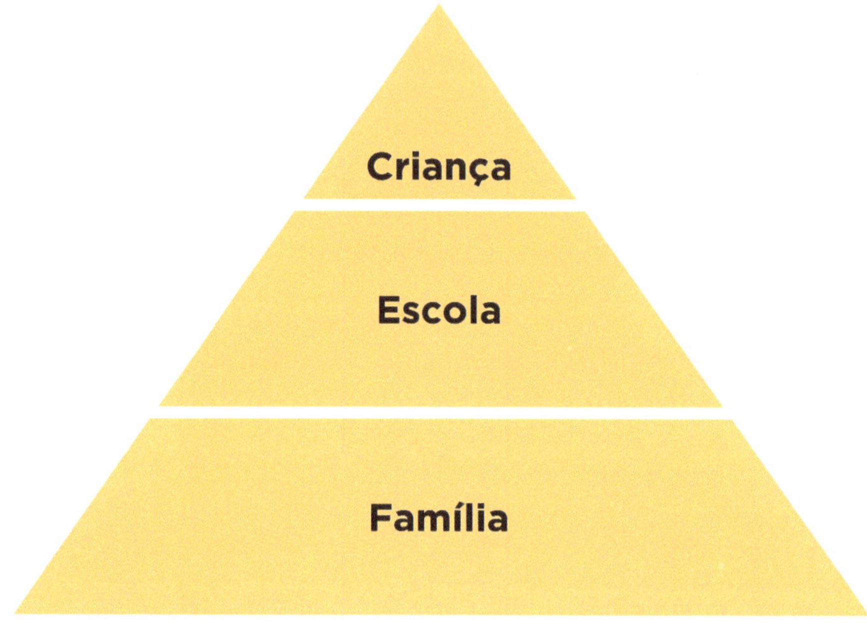

AGRADECIMENTOS

Gostaria de expressar minha profunda gratidão a todos que contribuíram para o sucesso deste trabalho:

Agradeço imensamente aos pais que generosamente se dispuseram a participar, compartilhando suas histórias e experiências. Seu envolvimento foi fundamental e extremamente valioso.

Um agradecimento especial à Psicóloga Fabiana Roberta Malpica, pela incansável supervisão do trabalho de campo, sua orientação foi essencial para a realização deste projeto.

À coordenadora do Centro de Inclusão 'Mãos que Acolhem' Maria Cacilda Sacilotto, por sua generosidade e facilitação para tornar este trabalho possível.

À Professora Dra. Mariângela Andrade Máximo Dias, pela orientação atenciosa e sabedoria compartilhada, que enriqueceu este projeto.

E, por fim, agradeço a Joana Adriana Rocha pelo apoio constante.

A dedicação e apoio de cada um de vocês foram pilares fundamentais para o sucesso deste projeto. Estou profundamente grato pela colaboração, pelo comprometimento e pela confiança depositada. Sem o apoio e contribuição de todos, este trabalho não teria sido possível.

Muito obrigado pelo precioso empenho e participação.

Com gratidão,

Elaine A Krapas

Aluna 8 semestre de Psicologia Unisal e Estagiária do Centro Mãos que Acolhem

REFERÊNCIAS

ALMEIDA, Eunides; ROMAGNOLI, Roberta Carvalho. Assim como nossos pais? Conjugalidade: repetição, transformação e criatividade. Psicol. clin., Rio de Janeiro , v. 29, n. 2, p. 229-251, 2017 . Disponível em <http://pepsic.bvsalud.org/scielo.php?script=sci_arttext&pid=S0103-56652017000200006&lng=pt&nrm=iso>. acessos em 05 nov. 2023.

CHARLOT, B.; ROCHES, J-Y. A relação com o saber, com o aprender e com a escola: uma abordagem em termos de processos epistêmicos. Paidéia (Ribeirão Preto), v. 12, n. 24, p. 11-21, 2002.

CHAPMAN, Gary D., 1938- As 5 linguagens do amor das crianças [recurso eletrônico] :como expressar um compromisso de amor a seu filho / Gary Chapman, Ross Campbell ; tradução Maria Emília de Oliveira. - 2. ed. - São Paulo : Mundo Cristão, 2017.recurso digital ; 1421 MB

ERIKSON, E. H. Identidade, juventude e crise. Rio de Janeiro: Zahar, 1976.

OLIVEIRA, D. E. S.; ARAÚJO, U. F. A família e a escola como contextos de desenvolvimento humano. Psicologia Escolar e Educacional, v. 14, n. 1, p. 103-111, 2010.

POLITY, E. A família como o primeiro grupo de pertencimento do ser humano, onde ele constrói sua identidade e suas relações com o saber e o conhecimento. In: POLITY, E.; ROCHA, M. (Orgs.). A família na educação infantil: teoria e prática. São Paulo: Cortez, 2021. p. 17-34.

VYGOTSKI, L. S. A formação social da mente. São Paulo: Martins Fontes, 1994.

WAGNER, A., Falcke, D., Silveira, L. M. B. de O., & Mosmann, C. P.. (2002). A comunicação em famílias com filhos adolescentes. Psicologia Em Estudo, 7(1), 75–80. https://doi.org/10.1590/S1413-73722002000100010

ZORNIG, Silvia Maria Abu-Jamra. Tornar-se pai, tornar-se mãe: o processo de construção da parentalidade. Tempo psicanal., Rio de Janeiro , v. 42, n. 2, p. 453-470, jun. 2010. Disponível em <http://pepsic.bvsalud.org/scielo.php?script=sci_arttext&pid=S0101-48382010000200010&lng=pt&nrm=iso>. acessos em 05 nov. 2023.